W0307642

Le Tout Petit Conservatoire ©

2ème édition

Philippe Kaczmarek
Concept, réalisation, illustration

Cette méthode appartient à : ....

Editions Le Tout Petit Conservatoire - KP Créations
20, rue de Nantes - 75019 Paris

Tous droits d'exécution, de reproduction et d'arrangements réservés pour tous pays
Copyrights 2008 by Editions Le Tout Petit Conservatoire - KP Créations - France

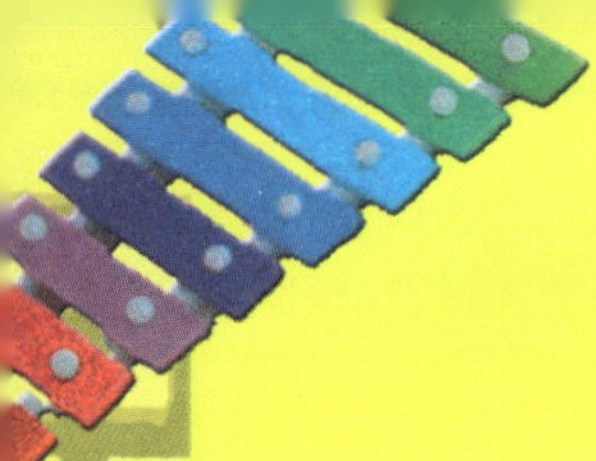

Le Tout Petit Conservatoire est un lieu d'enseignement de la musique destiné aux enfants de 4 à 8 ans.

Le Tout Petit Conservatoire réalise à cette fin des livres et outils pédagogiques originaux élaborés pour cette classe d'âge.

Le but de ces méthodes est d'ouvrir progressivement l'esprit de l'enfant à la musique, de lui apprendre à écrire, dessiner, chanter, lire les premières notes et autres codes musicaux en s'amusant.

Mon défi : faire que l'enfant de 4/6 ans apprenne la même chose que celui de 6/8 ans de façon ludique en agrémentant les méthodes avec des autocollants.

Il est important d'exercer régulièrement l'œil, la mémoire, la main et la voix afin que l'enfant se sente vite à l'aise avec cette nouvelle langue qu'est la musique.

Dans ce cahier, il dessine des notes, des instruments, écrit et colle des stickers, fait un peu de géométrie, de mathématiques, de logique ! L'apprentissage de la musique complète les acquis de l'école. Le contenu des pages est aéré ! Les textes sont en gros caractères.

Même si le trait, la forme ne sont pas pleinement maîtrisés, ce n'est pas grave. L'important est de donner envie, de laisser une expression libre à la créativité naturelle de l'enfant et d'apprendre en s'amusant.

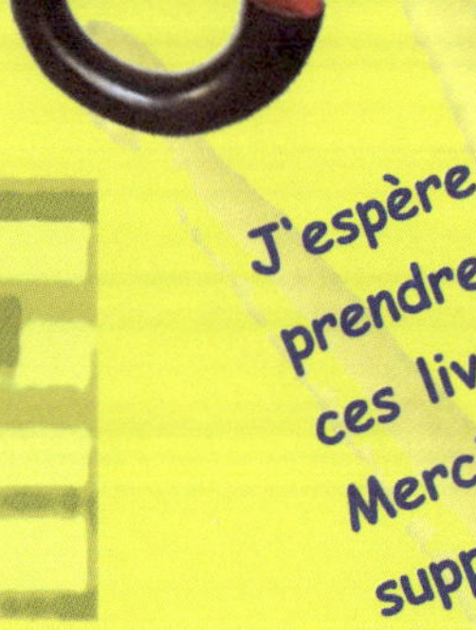

J'espère que vos enfants et vous prendrez autant de plaisir à utiliser ces livres que j'en ai eu à les réaliser. Merci de les aider à travailler sur ce support en essayant de leur faire comprendre qu'un petit effort, qu'une lecture de 5 à 10 minutes par jour sont souhaitables et bénéfiques à la mémorisation.

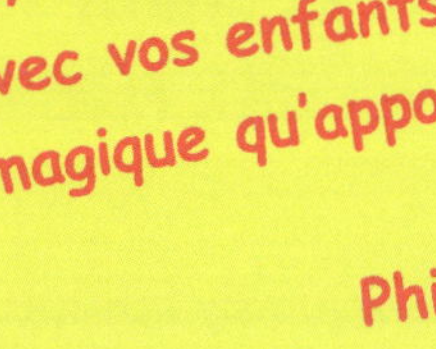

Lisez, relisez, révisez, dessinez, chantez, dansez avec vos enfants. Partagez ce moment magique qu'apporte la musique.

Philippe Kaczmarek

Au sommaire :

1. La jolie Clé de Sol

Bonjour.
Je m'appelle
Aglaé
et je suis
la Clé de Sol.

C'est moi
qui vais te
guider à travers
cette méthode.

Alors
lançons-nous
dans l'aventure
de la musique.

**Colle le sticker
de mon nom
ici.**

Je porte le nom de **Clé**,
de **Clé de Sol** plus précisément.
Tu connais d'autres clés
qui servent à la maison.
Elles permettent d'ouvrir des portes, des boîtes...

Moi, j'ouvre la portée.
Tu me verras souvent tout à gauche
sur un petit ensemble de 5 lignes
qu'on appelle la **portée** !

Je suis une sorte de repère.
Grâce à moi, les notes
portent un certain nom.

Je te présenterai plus tard
mes sœurs: les Clés de Fa
et les Clés d'Ut.

Une clé utile à la maison !
Dessines-en une ici

Une clé utile en musique :
Moi, la Clé de Sol
Essaye de me dessiner ici

La portée = 5 lignes empilées
l'une sur l'autre
Colle le sticker "portée" ici

Moi, bien assise
tout à gauche sur la portée !
Regarde des partitions de musique.
Tu me retrouveras à cette place !

Je te propose d'apprendre à me dessiner en 6 étapes. Comme tu le vois, je suis un assemblage de courbes et d'une droite ! Alors suis bien les instructions et repasse sur les traits des modèles.

1

Place ton crayon sur la croix et commence de tourner sur la droite vers le haut

2

Continue de tourner vers le bas

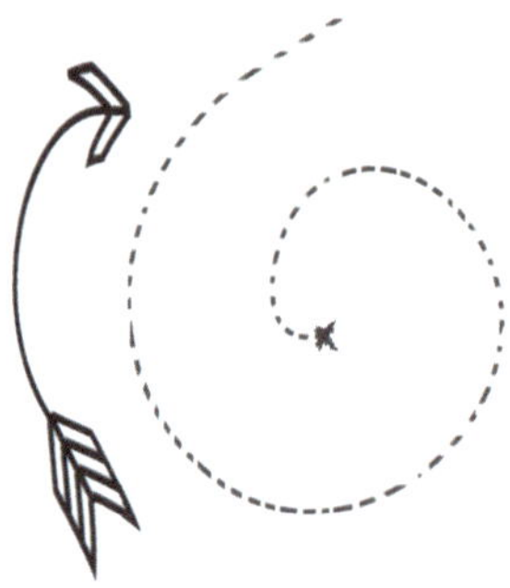

3

Puis remonte vers le haut à droite

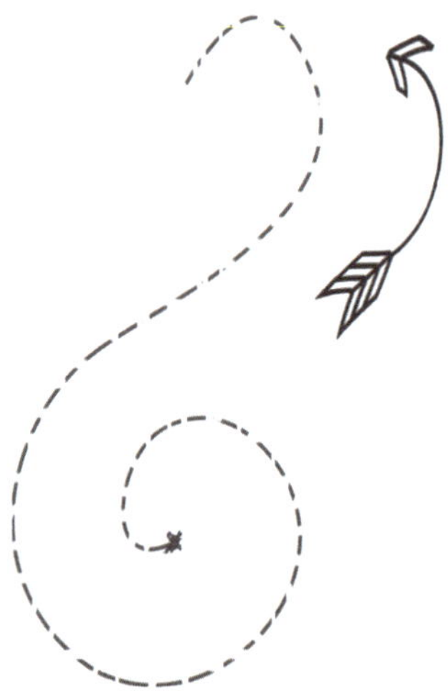

4

Continue de monter puis tourne sur la gauche

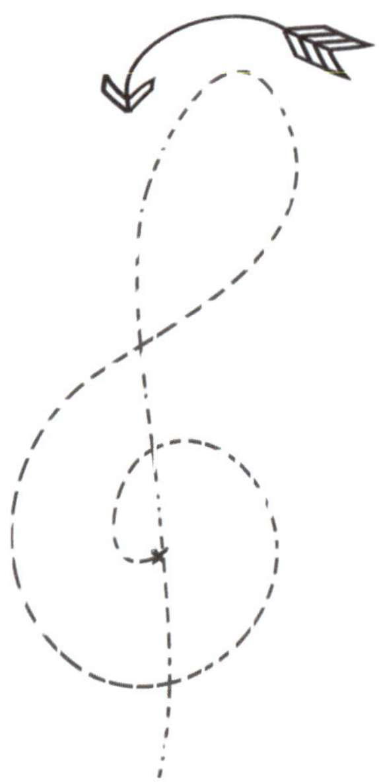

5

Descends tout droit jusqu'en bas

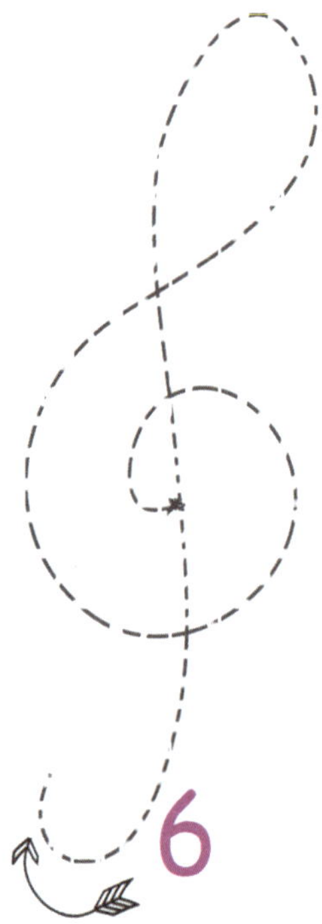

6

Termine en remontant sur la gauche

Bon, d'accord, tu veux encore essayer !
Voici ta page d'entraînement.
Tu n'es pas obligé(e) de faire tout en une fois !
Repasse sur les pointillés puis finis la ligne tout(e) seul(e).
Place ton crayon sur la croix et c'est parti.

Bien joué !

Combien comptes-tu de ?

Combien comptes-tu de ?

Relie avec ton crayon
les Clés de Sol
de même couleur et,
s'il te plaît,
recolle vite le ventre de
ma petite sœur !
Coucou la couleur !

Les 7 différences

Il y a 7 différences
entre ma sœur
et moi.
Trouve-les !

Te souviens-tu de mon nom ?
Ecris-le ou colle son
autocollant ici, au-dessous :

....

À la page 11,
tu as relié les Clés de Sol
de même couleur !
Ici, relie celles qui ont
la même taille.

2. La valeur des notes et leur forme

2 petites questions !
Sais-tu ce que sont ces choses noires et blanches ?
Connais-tu leur nom ?
Colle l'autocollant correspondant juste à côté de son modèle

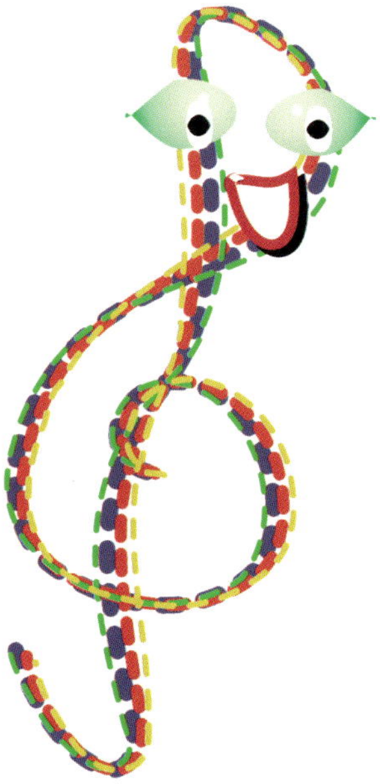

Voici 2 pages d'autocollants.
J'ai fait exprès de tout mélanger.
En plus des autocollants à coller
dans ta méthode, j'en ai ajouté
d'autres ! Ainsi, tu peux décorer
tes cahiers,
tes feuilles.
Alors, amuse-toi bien !

ronde

Aglaé la Clé de Sol

Aglaé la Clé de Sol

noire

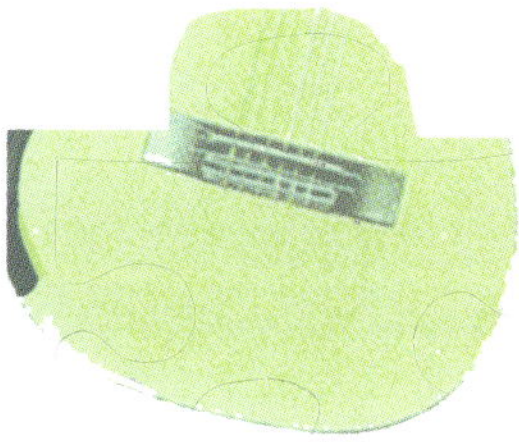

croche

blanche

maracas

guitare

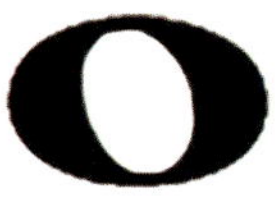

quadruple-croche

triple-croche

Colle ici
Monsieur
Zèbre !

Ces choses
s'appellent
les notes.
Il y en a 7.
Les notes sont de couleur
blanche ou noire comme les zèbres.
Elles ont chacune une valeur, une forme
et un nom différents.
Les voici !

La ronde

La blanche

La noire

La croche
(un petit crochet)

La double croche
(deux petits crochets)

La triple croche
(trois petits crochets)

La quadruple croche
(quatre petits crochets)

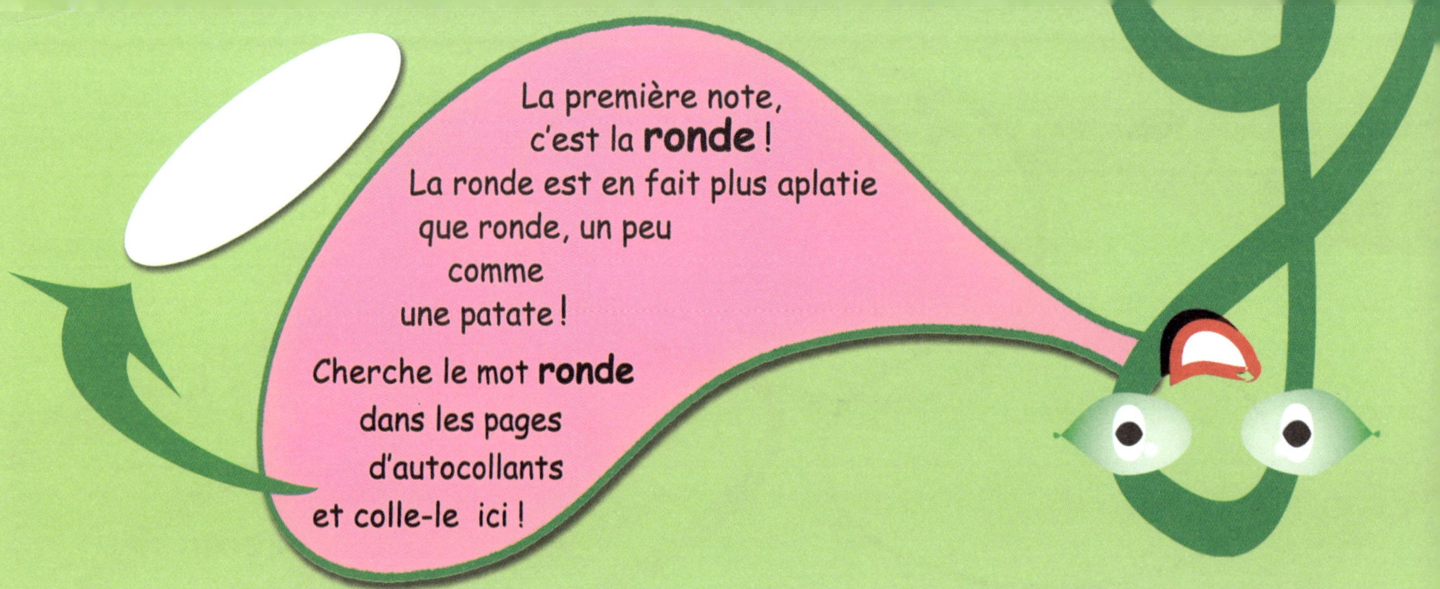

Mets ton crayon sur la croix et commence à dessiner la ronde en suivant les pointillés.

La ronde est de couleur blanche.

Ecris d'abord en repassant sur les lettres puis tout seul au-dessous.

r o n d e

ronde

Dessine des rondes entre les deux lignes puis librement au-dessous.

2 petits jeux avec les rondes

Dessine un visage dans chaque ronde, triste ou gai, à toi de voir !

Fais une croix sur les signes qui n'ont pas la forme de la ronde

La ronde était facile
à dessiner, n'est-ce pas !
Apprenons maintenant à dessiner la
seconde valeur de note :

la blanche

Au départ, dessine une ronde.

Ajoute ensuite un trait vertical
qui touche la note sur la droite.

Voilà, c'est tout, tu viens de
dessiner une blanche ! La blanche
est de couleur... blanche !

Colle l'autocollant correspondant au nom de la note? Ecris ce mot en repassant sur les lettres puis essaye tout seul.

b l a n c h e

blanche

. . . .

. . . .

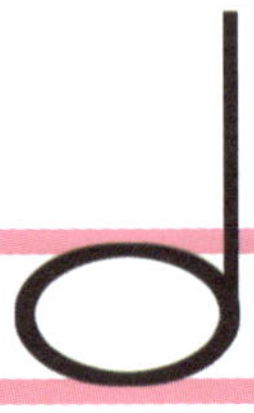

Dessine des blanches.

Les ombres colorées

Reconnais-tu ces instruments ?
Colle l'autocollant correspondant
au-dessous de chacun d'eux puis écris leur nom
sur leur ligne. J'ai caché les 3 noms sur la page !
Au fait, dis-moi, pour chaque instrument, si :
- on souffle dedans ;
- on tape dessus ou on le secoue ;
- on gratte ou on pince des cordes.

maracas

1

2

3

saxophone

guitare

1 ....

2 ....

3 ....

Colle l'autocollant correspondant au nom de la note? Ecris ce mot en repassant sur les lettres puis essaye tout seul.

n o i r e

noire

. . . .

. . . .

En premier, dessine une blanche

Maintenant, colorie l'intérieur de la note en noir.

Ainsi tu dessines une noire !

A toi de jouer.

Dessine des noires.

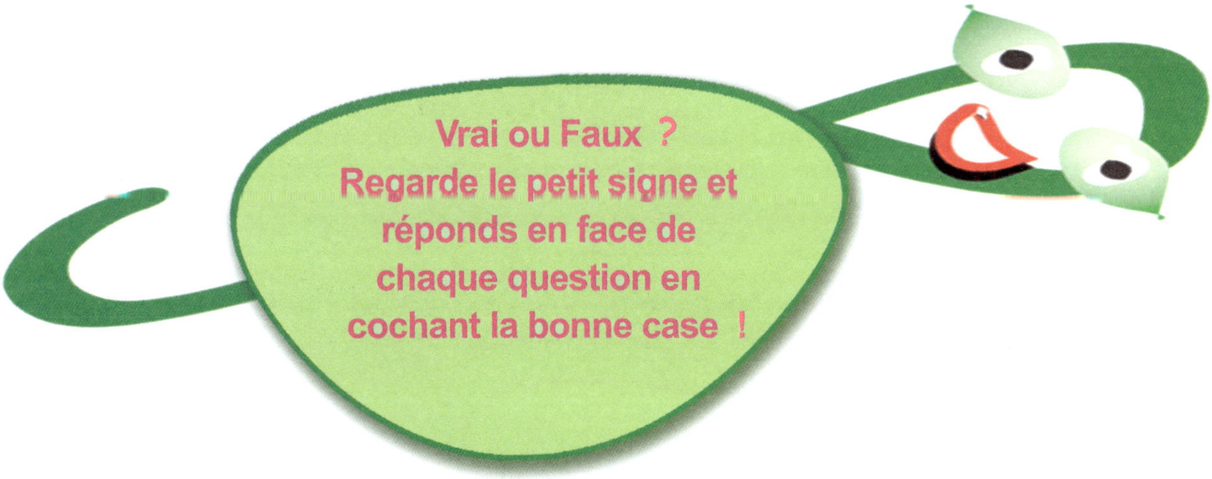

	SIGNE	QUESTION	VRAI	FAUX
1		Je suis la "Clé de Sol".	☐	☐
2	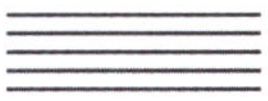	Je m'appelle la "partie".	☐	☐
3		Je m'appelle la "carrée".	☐	☐
4		Il y a 7 valeurs de notes.	☐	☐
5		Les notes sont blanches et vertes.	☐	☐
6		Les notes ont une forme de patate.	☐	☐
7		La guitare est un instrument à cordes.	☐	☐
8		Je suis une trompette.	☐	☐
9		Voici des "ramakasses".	☐	☐

D'abord, dessine une noire.

Ensuite, ajoute un petit crochet à la noire sur la queue de la note.

Ainsi tu obtiens une croche !
La croche s'accroche par son petit crochet !

Colle l'autocollant correspondant au nom de la note. Ecris ce mot en repassant sur les lettres puis essaye tout seul.

c r o c h e

croche

. . . .

. . . .

Dessine des croches.

Entoure les

- rondes en [rouge]
- blanches en [vert]
- noires en [bleu]
- croches en [jaune]

Combien comptes-tu de (rondes, blanches, noires, croches) ?

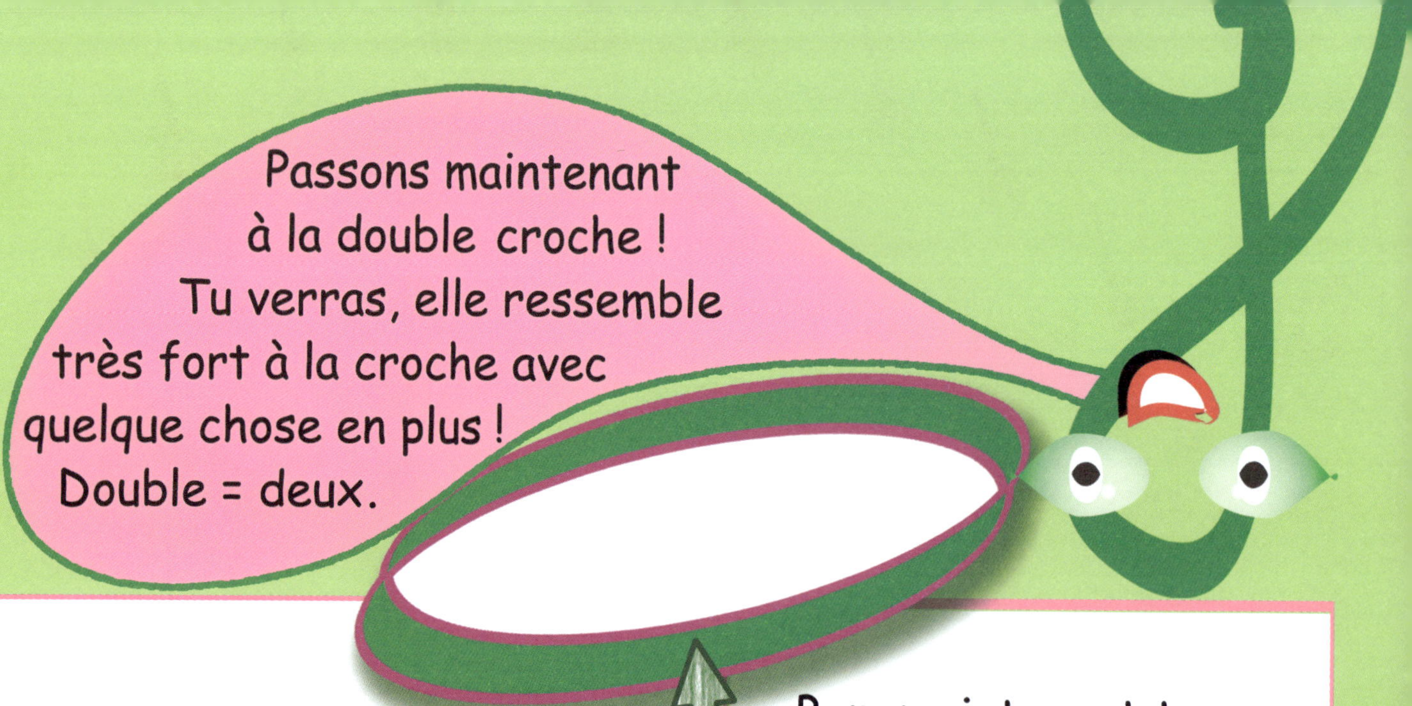

Dessine d'abord une croche.

Ensuite, ajoute un deuxième petit crochet au-dessous de l'autre sur la queue de la note.

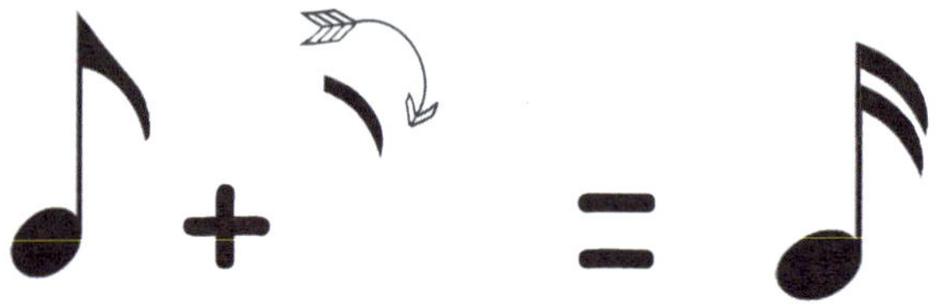

Ainsi tu obtiens une double croche !

Bon, maintenant tu connais la règle ! Colle et écris !

double croche

double croche

. . . .

. . . .

Dessine des doubles croches.

3 activités

autour de la guitare :

- dans le rectangle 1, repasse sur les traits et colorie l'instrument ;
- dans le rectangle 2, colle les autocollants permettant de reconstituer le puzzle ;
- dans le rectangle 3, à toi de dessiner une guitare.

Au fait, la guitare est-elle un instrument :

- à vent
- à percussions
- à cordes ?

Trop facile...

1

2

3

g u i t a r e

guitare

une guitare

Repasse sur les lettres puis écris tout seul

Une guitare ....

Dessine d'abord une double croche.

Ensuite, ajoute un troisième petit crochet en dessous des autres sur la queue de la note.

Ainsi tu dessines une triple croche !

Colle et écris le mot triple croche !

triple croche

triple croche

Dessine des triples croches.

Petit jeu facile.
Relie ces instruments
à leur ombre.
Sais-tu comment
ils s'appellent ?

Terminons avec
la quadruple croche !
Encore un petit crochet
de plus et c'est tout !
Quadruple = quatre.

Dessine d'abord une
triple croche.

Ensuite, ajoute un quatrième
petit crochet au-dessous des
autres sur la queue de la note.

Ainsi tu dessines une
quadruple croche !

Bon, c'est la dernière fois !
Colle et écris le mot
quadruple croche !

quadruple croche

quadruple croche

. . . .

. . . .

. . . .

Dessine des quadruples croches.

Dans ce jeu,
trouve les noms des notes
similaires et relie-les
avec ton crayon.
Attention, j'ai noté 3 fois
le même nom.
N'hésite pas à retourner
ta méthode dans tous les sens
pour bien lire les mots !

Croche

Blanche

Triple croche

Ronde

Noire

Quadruple croche

Double croche

Croche

Blanche

Triple croche

Triple croche

Double croche

Quadruple croche

Croche

Noire

Ronde

Double croche

Blanche

Ronde

Noire

Quadruple croche

LOGIQUE

Observe bien les lignes suivantes.
Complète par le mot ou
le dessin qui manquent

1  .....

2  ....

3  ....

4  .....

5 Noire Croche Ronde Noire Croche ....

6  ....

saxophone
double-croche
Le Tout Petit Conservatoire
ronde

Découpage

Sur cette page, tu trouveras 16 cartes à découper.
7 cartes avec les notes, 7 cartes avec leur nom +
2 cartes en réserve si tu perds l'une des 14 !
Dans ce cas, redessine la note ou réécris le mot
sur la carte blanche et c'est reparti !
L'idée, c'est de découper les 14 cartes, de les mélanger et
de placer sur la table la note à côté de son nom !

			La ronde
La blanche	La noire	La croche	La double croche
La triple croche	La quadruple croche		

Petit conseil : range tes cartes dans une enveloppe et garde ton enveloppe dans la méthode.

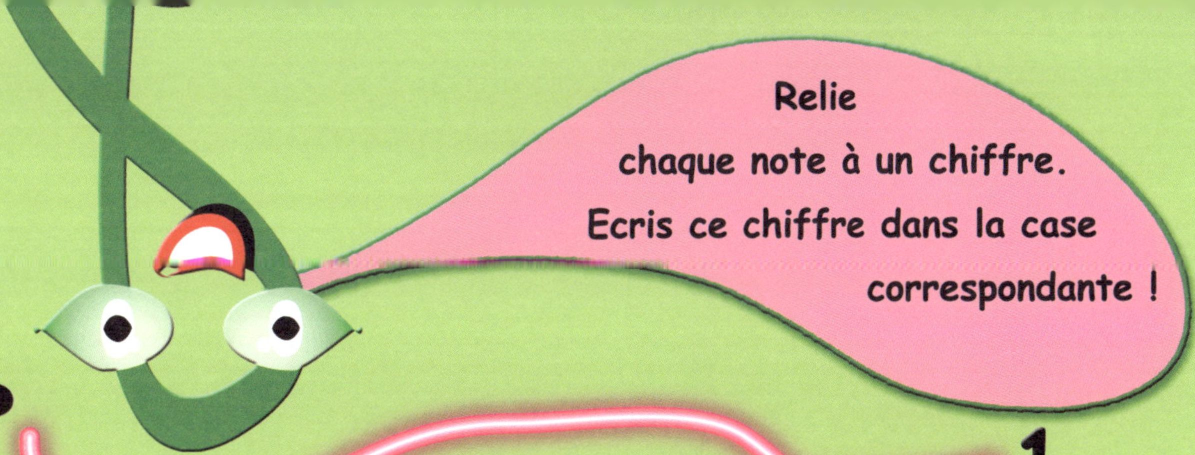
Relie
chaque note à un chiffre.
Ecris ce chiffre dans la case
correspondante !

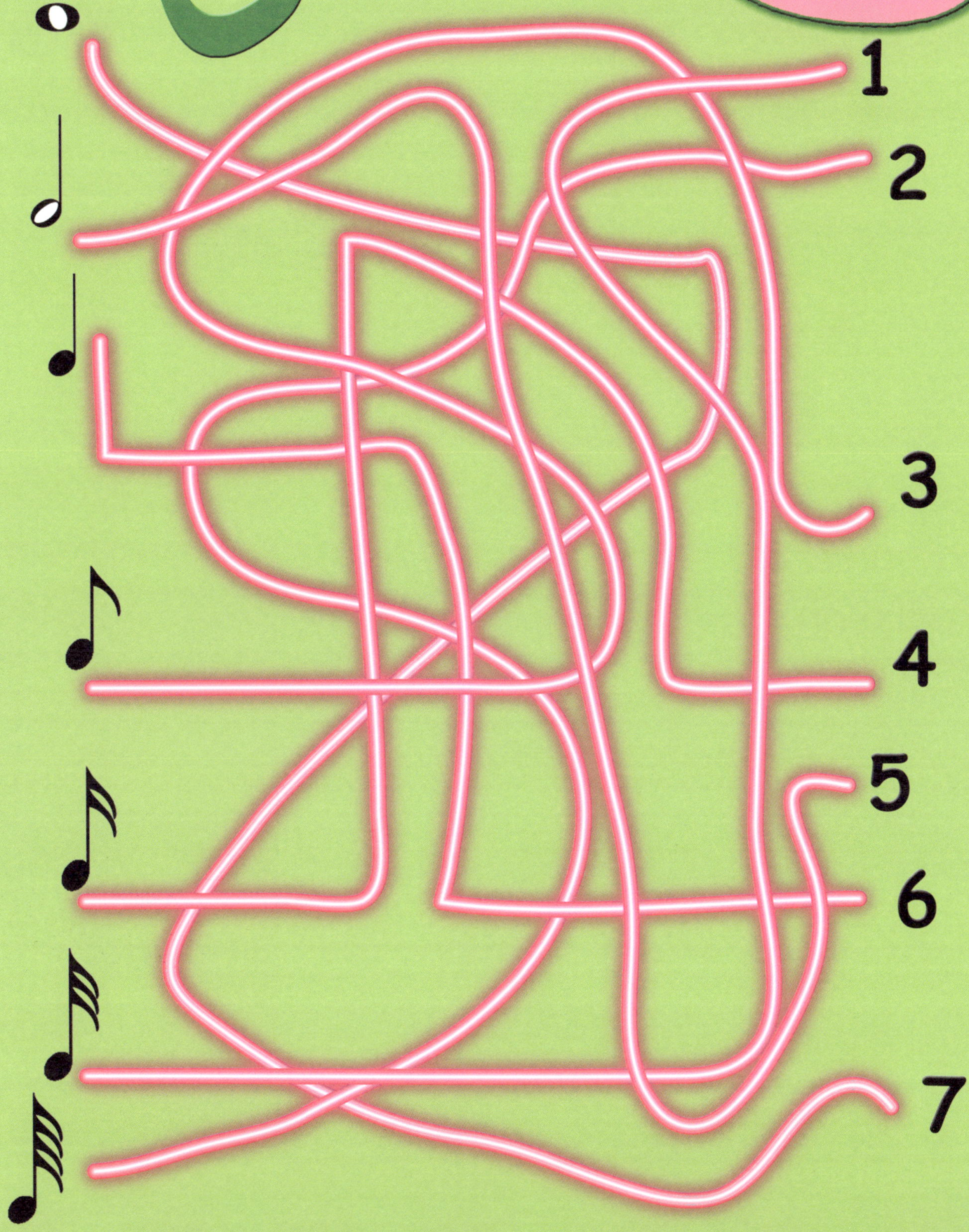
1
2
3
4
5
6
7

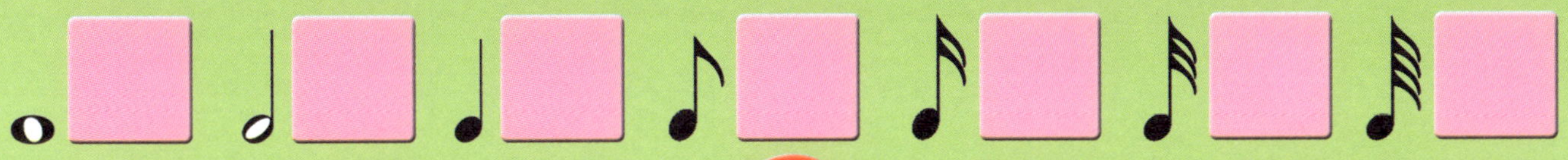

Ma Galerie de portraits

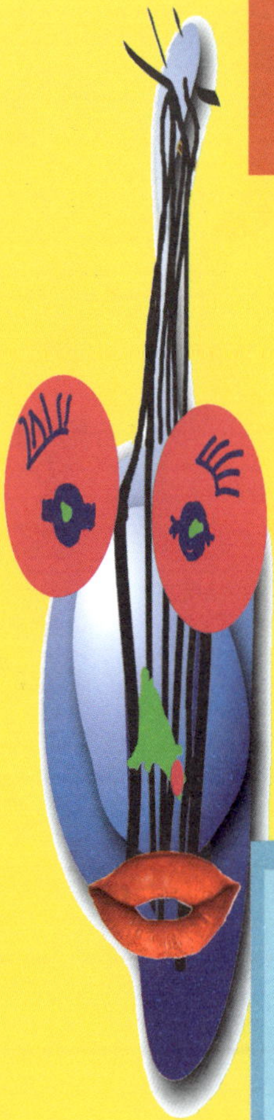

La guitare poisson

La croche chaussure

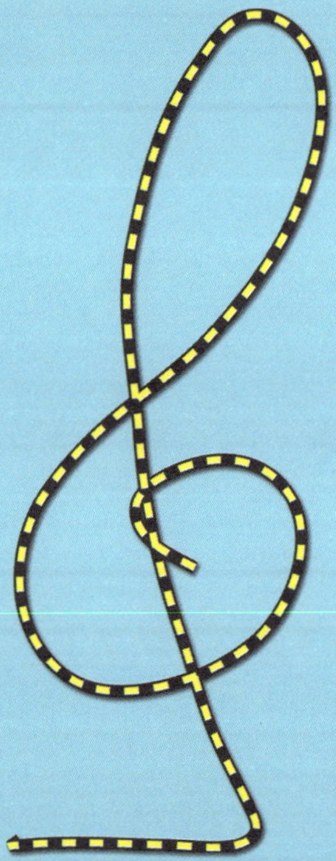

La clé de sol lasso !

La noire et ses lunettes

Dessine toi aussi ta propre galerie de portraits

Dessine des notes,
des instruments de musique.
Dessine-leur un visage, des yeux,
des cheveux, des bras...
Amuse-toi.

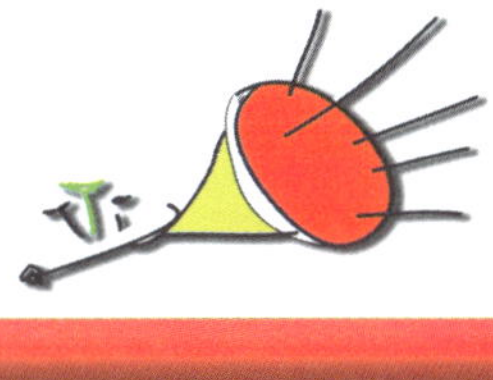

La bonne combinaison

Combinaison = notes qui se suivent dans un certain ordre

Sauras-tu retrouver

cette combinaison horizontale de 4 notes ?

Combien de fois figure-t-elle sur cette feuille :

1, 2 ou 3 fois ? Bonne chance !

Entoure la combinaison avec ton crayon et

coche la bonne réponse au bas de la page.

Ligne

1
2
3
4
5
6
7
8
9
10
11

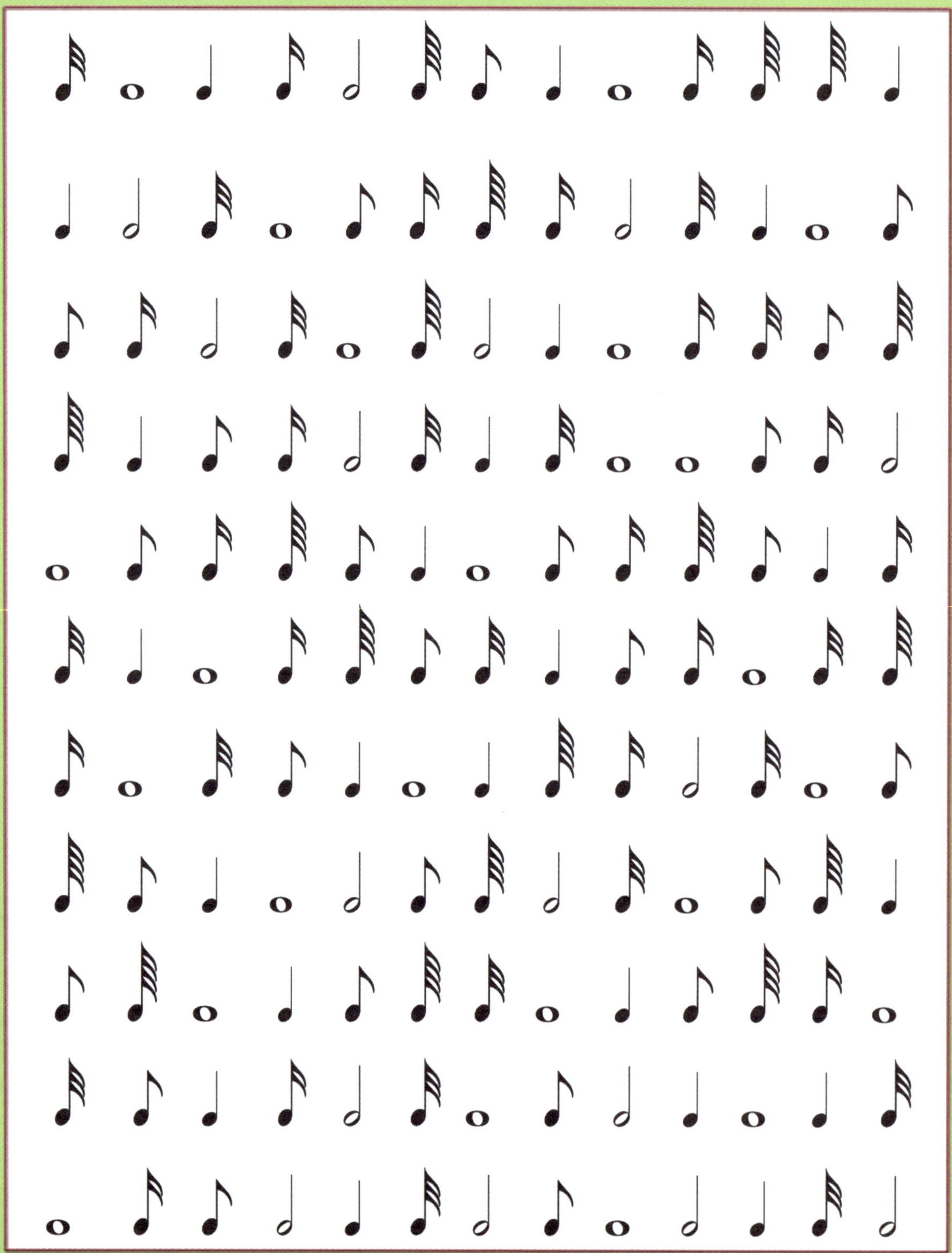

Ta réponse : ☐ 1 fois ☐ 2 fois ☐ 3 fois

Les ombres colorées

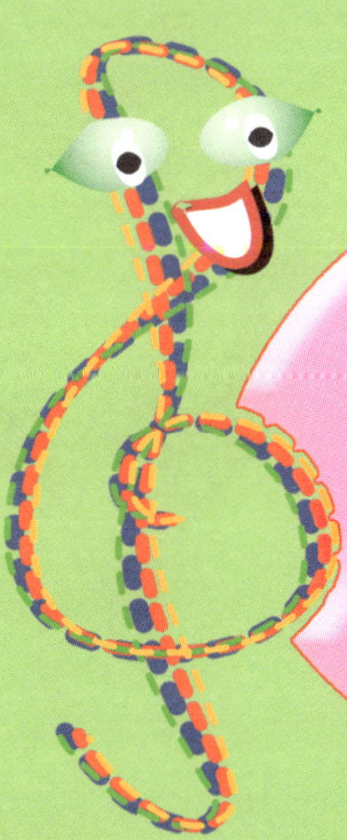

Reconnais-tu ces instruments ?
Si tu le veux, écris leur nom
sur les lignes correspondantes !
J'ai caché leur nom sur la page.
Pour chaque instrument, dis-moi si :
- on souffle dedans ;
- on tape dessus ;
- on gratte ou on pince des cordes.

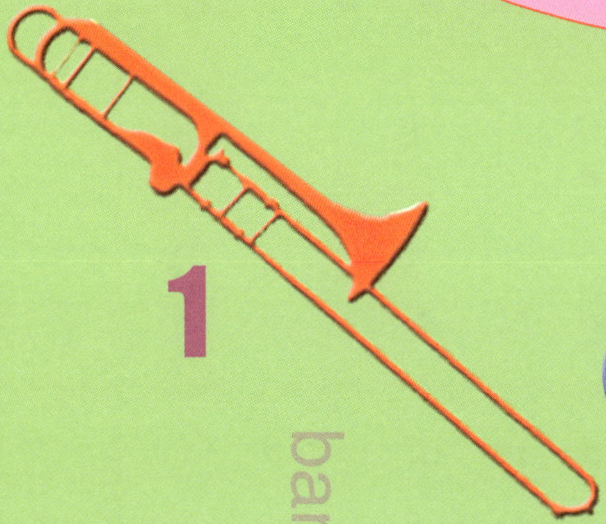

1

2

3

banjo

trombone à coulisse

djembé

3 ....

2 ....

1 ....

Révision

Voici venu le temps de savoir
si tu as bien retenu ce que tu as appris.
A toi de répondre à mes questions !

1 Comment s'appelle cette note ?  ....

2 Qui suis-je ?  ....

3 Quel est cet instrument ? 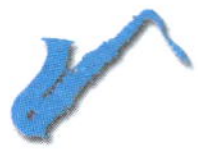 ....

4 Comment s'appelle cette note ?  ....

5 Qui suis-je ?  ....

6 Comment s'appelle cette note ?  ....

7 Quel est cet instrument ?  ....

8 Comment s'appelle cette note ?  ....

9 Qui suis-je ?  ....

10 Comment s'appelle cette note ?  ....

11 Qui suis-je ?  ....

12 Comment s'appelle cette note ?  ....

13 Qui suis-je ?  ....

14 Comment s'appelle cette note ?  ....

15 Qui suis-je ?  ....

16 Dessine une ligne de Clés de Sol. ....

Dessine les instruments à côté de leur modèle.

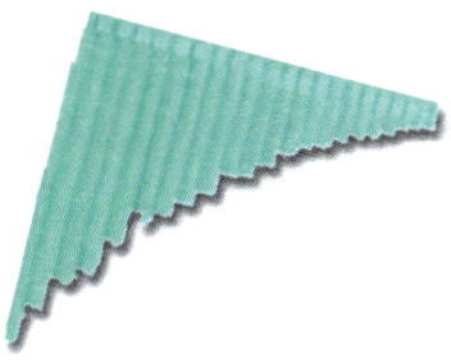

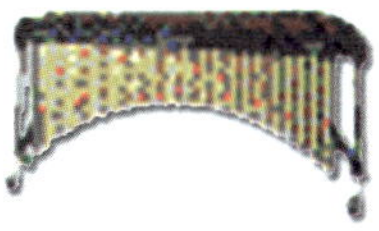

Prépare tes
crayons de couleur
pour colorier
Aglaé.

Colorie-moi comme
tu le veux. Tu peux
même me créer un
chapeau, une casquette,
des bras, amuse-toi !

Je vais te demander de faire quelque chose de très simple !

Juste après avoir lu ces mots, ferme ta méthode et range-la dans ta chambre.
Dans 7 jours, ouvre-la sur cette page et réponds à ces questions.

Tu pourras ainsi tester ta mémoire !

1 Dessine Aglaé la Clé de Sol.

2 Quel est mon nom ?

3 Dessine une triple-croche.

4 Qui suis-je ?

5 Dessine une noire.

6 De quelle couleur sont les notes ?

7 Qui suis-je ?

8 Combien y a-t-il de notes ?

9 Qui suis-je ?

10 Dessine une quadruple-croche.

11 Les notes ont une forme de patate : Vrai ou faux ?

12 Qui suis-je ?

13 Dessine une croche.

14 Qui suis-je ?

15 Colle l'autocollant avec le mot ronde.

16 Dessine une ronde.

17 Qui suis-je ?

18 Dessine une blanche.

Si tu n'as pas trouvé une ou plusieurs réponses, révise dans ta méthode.

Solutions

Voici les solutions !
Je suis sûre que tu as plein
de bonnes réponses !
Allez, vérifie juste un petit coup.

Page 10 : 13 𝄞 et 14 🔑

Page 12 : Aglaé la Clé de Sol

Page 19 : 1 maracas (on tape dessus et on les secoue)
2 guitare (on pince et on gratte les cordes)
3 saxophone (on souffle dedans)

Page 14 :

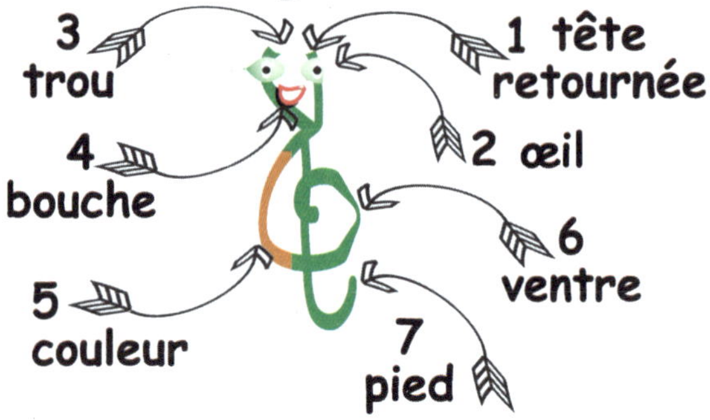

Page 17

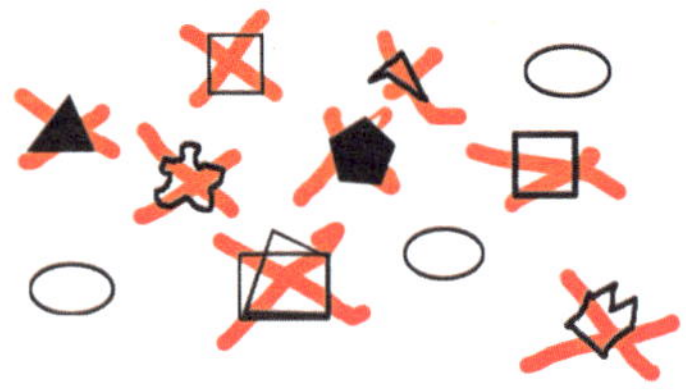

Page 23: 𝅝 8 𝅗𝅥 5 ♩ 8 ♪ 10

Page 21: 1V, 2F (la portée), 3F (la ronde), 4V, 5F (blanches et noires),6V, 7V, 8F (un saxophone), 9F (des maracas)

Page 25 : guitare = instrument à cordes

Page 27 : 1 guitare, 2 clarinette, 3 trompette, 4 saxophone, 5 harpe, 6 violon, 7 triangle, 8 timbale, 9 xylophone

Page 30: 1♪, 2 𝄞𝄞 , 3 𝅘𝅥𝅯𝅘𝅥𝅱, 4 , 5 ronde, 6 𝄞𝄞

Page 33 : 𝅝 = 7 𝅗𝅥 = 5 ♩ = 6 ♪ = 3 𝅘𝅥𝅯 = 4 𝅘𝅥𝅰 = 1 𝅘𝅥𝅱 = 2

Page 36 : Il y a 3 fois la combinaison sur les lignes : 3, 7 et 10

Page 37 : 1 trombone à coulisse (on souffle dedans), 2 banjo (on gratte les cordes) , 3 djembé (on tape dessus)

Page 38 : 1 la double-croche, 2 la clé de sol, 3 le saxophone, 4 la noire, 5 la portée, 6 la quadruple-croche, 7 la guitare, 8 la ronde, 9 le trombone à coulisse, 10 la croche, 11 le banjo, 12 la blanche, 13 le djembé, 14 la triple-croche, 15 les maracas

Page 41 : 1 = 𝄞 2 = la portée 3 = 𝅘𝅥𝅯 4 = le trombone 5 = ♩
6 = noire et blanche 7 = la double-croche 8 = 7 notes 9 = le violon
10 = 𝅘𝅥𝅰 11 = Vrai 12 = le saxophone 13 = ♪ 14 = la guitare
15 = ronde 16 = 𝅝 17 = la trompette 18 = 𝅗𝅥

1. La jolie Clé de Sol

Au sommaire :

1. La jolie Clé de Sol
2. La valeur des notes et leur forme